〈宗祖親鸞聖人御誕生八百五十年・立教開宗八百年慶讃記念〉

慶喜奉讃に起つ

池田勇諦・楠　信生
金子大榮・横超慧日

JN125255

――本書について――

本書は、二〇二一年四月五日に真宗本廟（東本願寺）にて開催された「宗祖親鸞聖人御誕生八百五十年・立教開宗八百年慶讃法要　真宗本廟お待ち受け大会・本廟創立七百五十年記念大会」において、池田勇諦氏（同朋大学名誉教授）が「慶喜奉讃に起つ」という題で話された記念法話を掲載しています。また、宗門に属するお一人お一人の、二〇二三年にお迎えする慶讃法要の意義を問い尋ねる機縁となることを願い、「立教開宗記念法要〈二〇二一年四月十五日〉」での楠信生氏（真宗大谷派教学研究所所長）の法話を収載しているほか、付録としまして、一九七三年、五十年前の慶讃法要の折に寄稿された金子大榮、横超慧日両氏の文章を載せております。ぜひ合わせてお読みください。

〈目　次〉

〈立教開宗記念法要法話〉

立教開宗《りっきょうかいしゅう》の本義《ほんぎ》を尋《たず》ねて

楠《くすのき》 信生《しんしょう》

〈付　録〉

【凡例】
本文中の『真宗聖典』とは、東本願寺出版（真宗大谷派宗務所出版部）発行の『真宗聖典』を指します。

〈宗祖親鸞聖人御誕生八百五十年・立教開宗八百年慶讃法要
真宗本廟お待ち受け大会・本廟創立七百五十年記念大会　記念法話〉

慶喜奉讃《きょうきほうさん》に起《た》つ

池田《いけだ》　勇諦《ゆうたい》
（同朋大学名誉教授）

《二〇二一年四月五日・真宗本廟　御影堂》

■はじめに

覚如上人《かくにょしょうにん》が、『御伝鈔《ごでんしょう》』の一番最後の一段で、「文永《ぶんえい》九年冬の比《ころ》、東山西の麓《ふもと》、鳥部野《とりべの》の北、大谷の墳墓《ふんぼ》をあらためて、同麓《おなじきふもと》より猶西《なおにし》、吉水《よしみず》の北の辺《ほとり》に、遺骨《いこつ》を掘渡《ほりわた》して、仏閣《ぶっかく》をたて影像《えいぞう》を安《あん》ず」(『真宗聖典』七三七頁)、このように、廟堂の創立について述べておられますが、時に一二七二年、それより数えまして、この真宗本廟創立七百五十年という記念すべき年を迎えているのであります。

この大切な時点において、その記念の大会とともに、明後年(二〇二三年)に迫りました慶讃《きょうさん》法要のお待ち受け大会が持たれるということは、大変意義深きことと思います。と申しますのは、慶讃法要というのは、その原点から申せば、本廟創立の精神に立ち返って、本願念仏の僧伽《さんが》の伝灯に召される喜びとともに、背負う責任を確認するご法要だからであります。

加えてこんにち、新型コロナウイルス感染症の厳しい状況下にありますだけに、私たちのお待ち受けの覚悟のほどが強く問われる大会となりました。その意味で、今日こうして与えられた、この勝縁を皆さんと共に尽くさせていただきたいと念ずることでございます。

■「慶讃」の意味

さて、本題に入りますけれども、はじめに、この慶讃法要の「慶讃」

という言葉の意味について一言、確認をしてまいります。この言葉の元は、親鸞聖人の上に求めました場合、「正像末和讃」の中にあります「皇太子《こうたいし》聖徳奉讃《しょうとくほうさん》」、聖徳太子を讃えられるご和讃十一首。その第九首のところに、「慶喜《きょうき》奉讃《ほうさん》せしむべし」(『真宗聖典』五〇八頁)と、明らかにこの四文字が見えておりまして、これがその元と言えるのでありましょう。

ですから、これをもって言えば、「慶讃」の「慶」というのは「慶喜」。「讃」は「奉讃」。では、その意味はどうなのかと申しますと、親鸞聖人が、この「慶喜奉讃」の四文字にわざわざ、お左仮名(左訓《さくん》)を打っておられます。「よろこびてほめたてまつるべしとなり」。

となりますと、その「よろこび」とは何なのか。これも親鸞聖人が『一念多念文意《いちねんたねんもんい》』の中に、慶喜の言葉をご解釈になりまして、「「慶《きょう》」は、うべきことをえて、のちによろこぶこころなり」。乃至、「これは、正《しょう》定聚《じょうじゅ》のくらいをうるかたちをあらわすなり」(『真宗聖典』五三九頁)と、はっきりとお確かめになっているのであります。このことからいたしまして、明らかに本願の喚《よ》びかけに喚びさまされた知恩の感動を表すものに違いございません。そして続く「奉讃」は、その知恩の感動に必然する報徳の歩みを表すものといただけます。

「恩徳」に報いるということを、「奉讃」、「ほめ奉る」とおっしゃっておられるのですが、「恩徳をほめ奉る」とは、どういうことなのでしょうか。何か恩徳について云々すること、ではないでしょう。知らしめられた恩徳を生きる身となるということの他に、ほめるということはございません。だからその具体的な姿はといえば、報いるという言葉が表しているわけです。「報」の字ですね。報告とか、報知とか熟字されますように、他に告げる、知らせるということです。

私たちが関係を生きる存在である限り、知恩の喜びがまことであるならば、決して単なる個人の胸の中にとどまるものではないはずです。他に知らせる、告げるということ。つまり、他者と共有していくということです。より具体的に言うならば、知らしめられたこの恩徳を、遇わせていただいたこの教えを、次の世代に確かに手渡していかねばならんという、その使命感に立ち上がることなのです。

ですから、この十一首のご和讃の中にも、「奉讃不退ならしめよ」という言葉がございますが、この同じ言葉が「正像末和讃」とは別に聖徳太子を讃嘆された七十五首和讃の第一首に見えており、そこにはお左仮名がやはり打ってありまして、「ほめたてまつること、おこたらざれ」と。大変積極的なお左仮名を付けていられるのですね。今申し上げたとおり、知らしめられたこの教えを、喜びを、子や孫に、友に確かに伝えていかねばならんという、その意欲ですね。その意欲に立ち上がる。

ですから、私はこの「慶讃」という二文字に、本当にこんにちの私たちの取るべき姿勢、あらねばならん態度を、端的に語り表してくださっているお言葉でないかと思うわけです。そのことをひとつふまえて、問題をたずねてまいりたいと思います。

■「私にとって」慶讃法要とは

そこで、まず最初に「慶讃法要」と言いますけれども、私にとって慶讃法要とは何なのか。これをどうしても一度、自分に問わなければならない。なぜか。もしも「私にとって」というこの一点が抜け落ちると、もう慶讃法要は私には関係がなくなる。つまり第三者になる。「ご本山で大きな法要が勤まるそうな」と、見物人でしかないことになってしまいます。

この慶讃法要の主な内容である、親鸞聖人の御誕生を讃嘆するということ。そこからすれば皆さん、自分にとって「親鸞聖人の御誕生を喜ぶ」って、どういうことですか。

私は、今回のご法要のテーマとして掲げられてあるあのお言葉が、如実にそれを教えてくださっていると思うのです。「南無阿弥陀仏　人と生まれたことの意味をたずねていこう」。

親鸞聖人の御誕生を喜ぶということの根底には、何はともあれ、わが身の誕生が受け取れるか受け取れないかということが、問われているのです。けれどそれは、自我で生きる今日の私からは出てこないのです。

そんなことを考えたこともないし、考えてみようとしたこともないような体たらくなのです。だから、「南無阿弥陀仏」と、ぽんと掲げられてある。南無阿弥陀仏の縁にふれる、南無阿弥陀仏を聞くご縁にふれて、初めて「人と生まれたことの意味をたずねる」ということが、与えられてくるのですね。

ですから、そこで初めて、親鸞聖人にお礼が言えるのじゃないですか。親鸞さま、ようこそ誕生くださいました。ようこそ生まれてくださいました。あなたが生まれてくださったおかげで、私は大事なことに気付かせていただくことができました。ありがとうございましたと、そのまま、親鸞聖人の御誕生を寿《ことほ》ぐということになるわけです。

ですから、自分を抜きにしたら、もう何も始まらないのですね。これはいかほどこだわっても、こだわりすぎることのない事柄だと思います。だからそこを、しっかりふまえると、あらためてひとつ問題が出てまいります。

それは何かというと、今私は「南無阿弥陀仏を聞く」と申しました。では、南無阿弥陀仏を聞くということは、私にとってどんなことなのですか。これを、どうしても自分に問わなければ始まらない。皆さん方いかがですか。南無阿弥陀仏を聞くって、自分にとってどういう見開きなのか。どういう体験なのか。

振り返ってみますと、私たちは日頃、いろいろな機会を通して南無阿弥陀仏について、ずいぶんお聞かせをいただいているのではありませんか。けれども、反省してみますと、お話の南無阿弥陀仏で終わっているのですよ。聞き方の問題です。南無阿弥陀仏というお話を聞くということで、済んでいるのです。それでは何も生まれません。だから生きてはたらく、事実としての南無阿弥陀仏に遇わなければならないのです。だったら、問うことははっきりしています。それは、生きてはたらく事実としての南無阿弥陀仏は、どこにましますのか。所在、ありかです。

■南無阿弥陀仏の所在

そこになりますと、私自身憶念している言葉を申さねばいられなくなるのですが、それは北陸のあるご門徒さんの言葉です。

私は、その方と大変長い間、ご縁をいただいて、本当に生きた浄土真宗と言いますか、生の浄土真宗にふれさせていただいたという感銘というか、実感をいただいた。そういうご縁の人なのです。

その方は本当に人生の様々なことに出会われて、だからこそ仏法が聞けたわけです。そして、時処諸縁《じしょしょえん》をきらわず、「なんまんだ、なんまんだ」と、いつでもお念仏をおとなえになるお人でした。

それで、ある時ある人に、そこを尋ねられたのです。「あんた、〝なんまんだ、なんまんだ〟って、よくとなえるけど、あんたにとって〝なんまんだぶつ〟って何なんや」。こうずばり、問われたのです。皆さん方、いかがですか。「あなたにとって、なんまんだぶつって何なんですか」

と問われたとしたら、何とご返事なさいますか。これはいっぺん、皆さんお一人おひとりが胸のうちで、ひとつ返答をしていただきたいと思うことです。

そうしたら、その人は、「うら、この身体が南無阿弥陀仏しとったがや。びっくりした」（うら：北陸の方言で、私という意味）と。それだけ。

これは皆さん、説明語じゃないですね。表現語です。自己表現。いわば、告白語と言っていいわけです。だから説明を寄せ付けません。すごい言葉です。

どうですか、日頃聞法というと、みんな精神論にしてしまっているのではないですか。喜べるとか喜べんとか、いくら聞いてもすぐ忘れるとか。そんなことばかり言っているわけです。そういう観念的な精神談義でなく、「聞法は存在論だ」、この一点を今の言葉は言い放ってくださった。本当に目からうろこが落ちる、そんな響きの言葉です。

私という存在が、今、ここにある。私という存在がここにいるということは、まず身体をいただいているということですね。身体をいただいているということは、私は私の境遇をいただいているということ。そして、様々なことに出会い、いろいろなことを経験して生きさせていただいている。この全体です。生きて在るということこの存在の事実。この事実が何を意味するか、そのことが明らかになること。それが聞法なのだと。

思うとか思えんとか、そういうことじゃない。

私は、清沢満之師の言葉をふと思い合わすのですけれども、『絶対他力の大道』、あの中にこんなくだりがあるでしょう。「無限他力、何《いず》れの処にかある」。それは、所在を問うていらっしゃる。「無限他力、何れの処にかある。自分の稟受《ひんじゅ》において之を見る」。稟受、つまり、いただいているこの事実に見る。「自分の稟受は無限他力の表顕なり」と、こう言われております。まさにそこなんです。話の「南無阿弥陀仏」ではないのです。生きてはらたく事実の「南無阿弥陀仏」に遇うことなのです。

だから私は、これは親鸞聖人のお言葉で、ひとつ確かめておかねばならないのですが。親鸞聖人は『末燈鈔《まっとうしょう》』の中に、「みだ仏は、自然《じねん》のようをしらせんりょうなり」（『真宗聖典』六〇二頁）と述べておられます。大変不遜な言葉ですけども、私はこれは阿弥陀さんの種明かしがしてあると、そんなことを言ったりもするのですけれども、本当に南無阿弥陀仏が私にとって何なのかということを、ずばり言い表しておられる言葉です。

「自然のよう」、「よう」というのはありさまです。「しらせんりょうなり」、自然のありさまを知らせる手だて、はたらき、姿、形ということです。今日の私というのは自我の私でしょう。自我で生きている私。自我を自己として生きている今日の私。その自我の私を超えて、この存在の事実、生きて在るという事実は、自然必然の法則に乗托して運ばれている存在である。阿弥陀仏に南無している存在である。

だから、この存在は同時に、その事実を見ようとしない、知ろうとしない自我の私に対して、この自然の道理に目覚めて生きよ、阿弥陀仏に南無して生きよと喚びかけている存在である。だから、ここに自我の分《ふん》別《べつ》の無功（自力無功）の自覚に知らされる南無阿弥陀仏している存在のいわれだったのです。

■自己と世界を貫く問題

そうした存在の意義は、本当の意味での公事《おおやけごと》ということです。自我の私は、それを片っ端から私物化しているわけでしょう。私の身体、私のいのち、私の何々。だから私の思うようになるはず、できるはず。いや、それがなかなか思うようにならん、と愚痴を言って苦しんで生きているのが今日の私の現実である。

ですから、仏法を聞くということは答えを聞くことでなく、問題を聞くことだということ。つまり、真実を聞かせていただくことによって、明らかになることは、その真実を踏みにじって、真実を汚し続けて生きている私の今日の現実です。それゆえ、その問題と向き合っていく歩みが始まる。それが聞法の歩みとなっていくのです。

ところで、ここで私は問題と言いますけど、これは単に私個人の問題にとどまらないのです。私個人の問題に違いないのだけれども、同時にそれは、世界を貫く問題なのです。「親鸞一人《いちにん》がためなりけり」（『真宗聖典』六四〇頁）と言われておりますが、「親鸞一人」の問題が「十方《じっぽう》衆生《しゅじょう》」の問題であり、十方衆生の問題が親鸞一人において明らかに受けとめられた。それゆえ親鸞一人の問題が、全人類の問題を荷負した意味をもつ。まさに「尽十方無碍光如来《じんじっぽうむげこうにょらい》」、尽十方、十方世界を尽くす問題なんですね。

何かそれを私たちは日頃、聞法というと単なる個人の胸をつついているような話にしてしまっている。歪曲してしまっている。違うんです。南無阿弥陀仏の仏法を聞くということは、全人類の問題を背負って聞くということなのです。全世界の問題を背負って聞いているという意味を持つ。

たしかに、私の問題に違いない。私一人《いちにん》の問題に違いないけれど、それは同時に、あらゆる人の問題、全世界の問題、したがって現代の問題である。まことにスケールの大きさというか、尽十方のスケール、宇宙を尽くすスケールの聞法なのですね、我々がお念仏を聞くということは。

いま現代ということを申しましたけども、現代の問題と言えば、科学技術の驚異的な発展によって、私たちは本当に大きな利を手にしております。文化生活を享受しております。けれども同時に、失ったもの、代償のなんと大きいことでしょうか。自然破壊、環境破壊はおろか、ついに人間破壊にまで及んでおるのが現代ですね。人間が人間でなくなってしまっている、そこまで来ている。

このことを善導大師の、あの有名な二河の譬喩《ひゆ》の教えに照らしていただくと、人間の問題を二つの煩悩で押さえられています。貪欲《とんよく》、むさぼりの水の河。瞋恚《しんに》、怒りの火の河。この二つで押さえられている。この二つは、個人の問題であると同時に、全人類、世界の問題である。

今、科学技術の驚異的な進展で、私たちは大きな利益を被っておると言いましたけど、どうですか皆さん。科学技術のその素晴らしい発展が、世界に、人類に、充足と謝念を開いてきたでしょうか。満足と感謝を開いてきたでしょうか。

逆ですね。いよいよ欲望を駆り立て、所有欲、支配欲の追求で現在している。そうじゃございませんか。個人的には、我欲を満たすことだけが生きがい、生きる意味だと。そして世界はと言えば、覇権争いでしょう。所有と同時に支配欲、覇権を獲得することが自国の存在意義といわんばかりのありかたです。

そうした状況下にあって私たちは、ますます差別、格差、弱肉強食、孤立、孤独、不安。そうした中に、投げ出されているのではないですか。貪欲の水の河が逆巻く、瞋恚の炎が燃え盛る。

このように申しますと、それではもう人類はおしまいなのかと。そうではございませんね。ということは、善導大師の二河の譬喩がそこなのです。その水の河、火の河。それによって見えつ隠れつだけれども、四五寸の白道《びゃくどう》が「すでにこの道あり。必ず度すべし」(『真宗聖典』二二〇頁)。この道をたずねて行けと。それが善導大師の「二河の譬喩」の眼目じゃありませんか。

■素晴らしき停滞

私は、そこのところを現代の場で表現してみると、こういうことになるのではないかと思います。それは、もう今は亡き人でありますが、作家の司馬遼太郎さん、あの方の遺言とも言うべき言葉だということで私は読んだのですが、『中日新聞』の一面にある「中日春秋」という欄で紹介されていた言葉です。

司馬遼太郎さんは、一九九六（平成八）年、七十二歳で亡くなっていらっしゃるから、もう二十何年も前の記事なのですけど、はっとしました。それは自分にとって忘れられない言葉になっています。

けれども私は、その当時は恥ずかしい話がそれ以上、それを考えるということはしなかった、というよりもできなかった。ところが近年、その言葉が私の中で息を吹き返してきたというか、よみがえってきて、本当にそうだな、現代の課題というのはこれなんだなということを、あらためて教えられていることなんです。

じゃあ、いったいどんな言葉かといいますと、「美しき停滞《ていたい》」。「停滞」というのは、止まる、とどまることですが、それに「美しき」という言葉が付いている。

惟《おも》うに、これは今申し上げました、人間破壊にまで及んでいる現在である限り、私たちの選択肢はひとつしかないよ。それは発展じゃなく、回帰だよと。「回帰」というのは、帰る、戻ることです。これは実にすごい言葉、問題提起をしてくださった一言だと思わずにいられません。

そうであれば、例の有名な言葉が浮かびます。「百尺の竿頭、一歩進む」という言葉です。百尺の竿の頂まで登り詰めた。どうしますか。この言葉は「一歩進む」と言っていますが、そんなことをしたら落っこちてしまう。そうじゃない。退一歩、退く一歩なのだと。登るところ、行くところまで行ったら、道は退一歩。この知見に立つことだと。

退一歩、あるいは停滞などと言いますと、何か消極的な話のように思うということが無きにしもあらずですけれど、とんでもありません。これほど積極的なことはないんじゃないですか。本当の意味の積極性。だからここには勇気が離れません。決断が求められているかぎり当然です。本当の勇気、本当の積極性です。

それでは一体、そのような一点は私たちにとって何なのかと。善導大師で言えば、見えつ隠れつの四五寸の白道。けれども、今申し上げてきたことからすれば、「この身体が南無阿弥陀仏しとったがや」という、このことに象徴される。「万物同根なるが故に、万物一体なり」という仏知見の言葉もあるように、あらゆる存在は同根。同じ根っこ。だから、一体である。

つまり、同一のいのちの真実、南無阿弥陀仏のいのちによってつながっている根源的連帯。ここにひとつ、回帰、帰れ、目覚めることではありませんか。そこにはすでに生活、習慣、言語、文化、すべて違ったままで、共に生きていくことのできる道が、開いているじゃないか。与えられているではないか。

その意味で現代の課題は、まさに「美しき停滞」。この「美しき」という言葉は、単なる形容詞ではなく、「停滞」の質を表す言葉にちがいない。その意味で私の感銘からすると、「素晴らしき停滞」なのですね。「素晴らしき停滞」。この一点が、南無阿弥陀仏の仏法、これが私たちに、明らかにしようとしてくださっていることなのでした。

■根源的連帯に帰る

昨年（二〇二〇年）の十一月二十日。真宗本廟でご門首の継承式が行われました。あの時の暢裕《ちょうゆう》ご門首の表白《ひょうびゃく》の中に、こういう言葉がございました。「「南無阿弥陀仏」を世界中の人々に届けることが、真宗にご縁をいただいた私どもの大切な使命です」、はっきりと述べられました。そして、ご挨拶の言葉の中にも同じ趣旨のことが、有名な「遠く通ずるに、それ四海の内みな兄弟とするなり」（『教行信証』証巻『真宗聖典』二八二頁）という言葉を出されまして、この同朋《どうぼう》の輪を広げることが、真宗に生きる私たちの務めなのだということを、大変力説なさっておられました。

私はこの一連のお言葉を聞かせていただいて、本当にこんにちの問題、課題が何であるか、従って私たちはどこに立たなければならないのか。そのことを一点、はっきりと指摘してくださった、とても大切なお示しであったと聞かせていただきました。

そうしたことをいただきますと、来る慶讃法要というのは、私どもがお勤めするということに先立って、ご法要から私たちが願われている、要請されているのではないですか。何が要請されているか。それこそは今申した「回帰」、南無阿弥陀仏のこのいのちに回帰する、根源的連帯に帰る。この一点です。

なぜ、この一点が強調されねばならないか。もう申すまでもないことでありましょうけれども、本当に根源的連帯に気付かせていただくと、世界は同朋世界なんです。社会は同朋社会なんです。これからつくるというような話じゃございません。すでに、同朋世界、同朋社会に、私たちは生かされている。

それを自我に生きる今日の私は、限りなく差別の世界、差別の社会とつくり替えて自損損他し合っているこの現実、それがあぶり出されてきます。だからこそ、根源的連帯に回帰したところに始まる真実の生き方とは何かといったら、その現実と切り結んでいく歩みです。

それこそが本当に南無阿弥陀仏のいのちを知らしめられた者の、まことの生き方、具体的な生き方でないのか。しかもその歩みの他に、同朋社会の顕現ということの証しはないに違いありません。

その点に注目すればするほど、今回の慶讃法要は、そういう大切な課題を私たちに迫ってきているご法要と言わねばなりません。それが私は、慶讃法要をお迎えする我々の覚悟、ただひとつの覚悟でなければならないのではないか。そのことを、強く教えられるのでございます。

何か、言い足りないことですけれども、お待ち受けの私たちの覚悟を一点、申し上げたかったわけでございます。ご清聴くださってありがとうございました。

〈立教開宗記念法要法話〉

立教開宗《りっきょうかいしゅう》の本義《ほんぎ》を尋《たず》ねて

楠《くすのき》 信生《しんしょう》
（真宗大谷派教学研究所所長）

《二〇二一年四月十五日・真宗本廟 御影堂》

■私にとっての立教開宗

講題にある「立教開宗の本義」とは、親鸞聖人が主著である『顕浄《けんじょう》土《ど》真実教行証文類《しんじつきょうぎょうしょうもんるい》』（『教行信証《きょうぎょうしんしょう》』）の中でお教えいただいている往相《おうそう》・還相《げんそう》の二種回向《にしゅえこう》、そして浄土真宗の教・行・信・証という四法をもって私どもに仏道を知らせてくださったということと言えます。今日は、その後に「尋ねて」という言葉をつけました。それは、親鸞聖人が真宗の教相を明らかにしてくださった、そのことは他ならない私のためであったということを抜きにして語れるものではないと思うからです。あらためて、私自身のために親鸞聖人は教えを立てられたのだということを一人ひとりが受けとめる、そこから歩みが始まるということをお伝えできればと思います。

■出発へもう一度立ち返る

今から約五十年前の立教開宗七百五十年の時に金子大榮先生が「誕生のこころ」という題で寄稿された文章があります。先生は、「お聖教《しょうぎょう》というのは、まず最低三度以上は読まないとならん。それは、まず第一に初めから最後まで読む。この読み方では、その書物の思想というものはわかるけれども、その精神まではわからない。そして二度目を読むと、終わりを知っているので、終わりから初めを読むことになる。その精神がわかる。しかし、それが自分の身につくことにはならない。三度目を読んで初めて、自分もこうあらねばならないということが出てくる」と最初に述べられています。

そして先生は、「まず、親鸞聖人の御誕生から一生を想い、そして御苦労を感謝する〝初めから終わり〟という方向において聖人の恩徳を讃える。これが毎年勤まる報恩講であり、私たち真宗門徒に伝承されてきた。それに対して、御誕生八百年・立教開宗七百五十年の法要は、親鸞聖人の出家精神を明らかにし、求道心《ぐどうしん》に帰る。つまり、聖人の一生の終わりから遡《さかのぼ》って御誕生という出発点へもう一度立ち帰ること、それが御誕生を想う一つの意義ではないか。そのことを通して、立教開宗の『教行信証』の精神も了解できるに違いない」ということをおっしゃっています。

お念仏の教えを、ただ結論として聞くだけでは、「私たちにとって、なぜ念仏が説かれなければならないのか」という問いはなかなか出てこない。しかし、先生は、親鸞聖人の立教開宗、さらには御誕生を問い返すことによって、浄土真宗が立てられなければならなかった、その理由が明らかになるという指摘をしてくださっています。そして、「宗祖に向かって、「お浄土へ往くのは何がたのしみですか」とこういえば、それは、利他教化《りたきょうけ》である。自分のよろこぶことを人にも知らせたいということであります」とおっしゃられます。自分が浄土に生まれたい、仏に成りたい、その楽しみは、まさに自在に利他教化できる身にさせていただくのだと。今の時代に生きる私たちにとって、浄土に生まれる、浄土を願う、ということが具体的に何を意味するのか、ということを考える大切なお言葉であると思います。

■法要に向けた歩みの中で

私たちが二年後にお迎えする慶讃法要に遇うということ、それは法要というゴールに向けて歩むのではなく、法要に向けた道筋、道程の中で親鸞聖人と遇うことの大切さを思います。二〇二三年の法要までどのような時を刻んでいくのかということが、これからを決めていくということになるのではないでしょうか。私たち一人ひとりの法要に向けての歩

みを通して、人が育ち、育てられる。そのことが法要から望まれていま
す。
　そのことを思う時、一九九八年の蓮如上人五百回御遠忌法要が私にとって大切なご縁になったことが思い出されます。〝親鸞聖人に帰れ〟ということが強く求められる風潮の中で青年時代を過ごしてきた私は、蓮如上人の御苦労をつぶさに知ることなく、どこか『御文《おふみ》』が前時代的なものだと感じていたように思います。
　しかし、この法要をお迎えする時と場をいただく中で、蓮如上人にあらためて向き合うことになりました。蓮如上人はさまざまな形をとってお念仏の教えを伝えられ、僧侶・門徒という枠組みを超えた共同体とし

ての教団を生み出そうとされた、それは同朋会運動そのものであり、『御文』は文書伝道の先駆けと言えるでしょう。五百年という長い年月にわたって繰り返し読まれる文章を書くということは、やはりそこに精神があるからであり、現在《いま》に伝承されているのは、お念仏の教えを受け取った人々がおられたからにほかなりません。私が『御文』を前時代的なものだと感じたということは、私自身が南無阿弥陀仏をいただいていなかったという証であり、この法要がなければ、私にとって蓮如上人に対する認識を正されるということはなかったと思います。

二〇二三年にお迎えする慶讃法要が、今という時代を生きる一人ひとりにとって、また次世代の人にとっても、そういう法要になるかどうかは、私たち一人ひとりの歩みにかかっているのではないでしょうか。法要を通して人が育ち、育てられる。そして場が開かれ、場に関わり、また場を開くこと、それが教団や寺院の大切な役割だと思います。

仏慧《ぶって》功徳をほめしめて
十方の有縁《うえん》にきかしめん
信心すでにえんひとは
つねに仏恩《ぶっとん》報ずべし

（「浄土和讃」『真宗聖典』四八三頁）

阿弥陀如来の智慧、光明の功徳をほめ奉って、十方世界の縁ある人々、有縁の人々に聞かしめよう。信心をすでに得た人はつねに仏恩を報ずべきであると。親鸞聖人が『教行信証』の「信巻」で、信心を得た人の現《げん》生《しょう》における利益として、「知恩報徳の益」を挙げておられます。まさに、恩を知って徳に報いる、徳を報《しらせ》る「知恩報徳」の身をいただいて生きることが、私たち一人ひとりに願われているのではないでしょうか。

私たち一人ひとりがその願いを受けて、立ち上がる、そのことを除いて真宗の伝承の歴史の火が灯され続けるということはないのでしょう。

〈付　録〉

・誕生のこころ

金子　大榮

・この時を縁として

横超　慧日

一九七三年に厳修された宗祖親鸞聖人御誕生八百年・立教開宗七百五十年慶讃法要をお迎えするにあたり『真宗』誌に寄稿いただいた金子、横超両氏の文章を書籍化した『誕生のこころ』（東本願寺出版部発行）の表現まま掲載しています。

誕生のこころ

金子　大榮（大谷大学名誉教授：当時）

■終わりからはじめへ

私たちがお聖教《しょうぎょう》を読むということは、少なくとも三度以上読まなければならない。ということは、まず第一は、ずっと初めから終りまで読むということ、この読み方は、その書物の思想というものはわかるけれども、その精神というものはわからない。それから二度読むということは、その読む心は終わりを知っているから、終わりから初めを読むことになる。だからそれで、その書物の精神というものがわかる。しかし、それがまだ自分の身につくということにはならない。くり返し三読して始めて、なるほど、自分もこうあらねばならんなあということが出てくる。

これを歴史というもののうえにおいて考えますと、たとえば仏教の歴史ならば、原始仏教《げんしぶっきょう》から大乗仏教《だいじょうぶっきょう》、それから浄土教《じょうどきょう》といわれております。ですから、仏教とは何ぞやといえば、まずお釈迦《しゃか》さまの原始仏教から、それが展開して大乗仏教、そして、その大乗仏教から浄土教というのが普通です。

しかしながら、そうしておる間にも、終わりから初めへ遡《さかのぼ》っているのであります。ここにあるいは西洋の仏教研究者と日本の仏教研究者との違いがあるのかも知れません。西洋の仏教の研究者は原始仏教の研究ならばただお釈迦さまの説かれたことだけ考えればいいのでありましょう。けれども日本の学者は原始仏教の研究といいながら、大乗教というものを腹においております。だから、どうして大乗仏教が出てきたかとか、どうして浄土教が出てきたか、ということを初めから終わりへ読むときに、すでにそのこころの中では終わりから初めへ読んでいるのです。したがって、それをはっきり意識して、まず浄土教というものがある。その浄土教というのはどうして出てきたかということで大乗教をしらべる。大乗がどうして出てきたかということで原始仏教をしらべる。こういうことがあるわけであります。それでなければ歴史というても何事もわかるはずがないのであります。

たとえば、毛虫が蝶になるということは、毛虫をいくら研究してもわからない。けれども蝶になったものをしらべて、なるほどこうしてと、毛虫が蝶になったといっている。けれども、実は蝶をしらべて、毛虫に及んだのだということなんですね。聖教を読むもそのとおりで『教行《きょうぎょう》信証《しんしょう》』にいたしましても、前書きと後書きというものがありますが、総序の文というのは前書きなんです。あの前書きを読んで、そして終りまで読んだら『教行信証』はわかるか、それとも後序―あとがき―を読んで本当にわかるのか、お書きになった祖師《そし》にいたしましても、実は、まえがきの方があとでお書きになったのかもわかりませんね。

それで私のいいたいことはほぼおわかりだろうと思います。いままでは報恩講《ほうおんこう》ということで、これは初めから終わり、祖師のご誕生からご一生を想うてのものであります。はじめから終わりという方向において、祖師の恩徳《おんどく》を讃えていくほかはない。それが私たちの門弟《もんてい》の伝承《でんしょう》といいますか、坊さんたちの仕事でしょうが、信者のよろこびもこれでしょう。ご一生のご苦労を感謝するというところに、名のとおり、報恩講だからね。そのような意味で非常に大切なことだと思います。

■親鸞の求道心へ

だから、そこへいけば、昔は報恩講だけですましていたんですが、それで結構なんであります。それが今度なぜご誕生ということになったかというと、釈尊《しゃくそん》に降誕会《ごうたんえ》ということがあるから、親鸞にもというようなことを、ということであってもさしつかえないですけれども、何かそうでなく、祖師の出家精神というものを明らかにしようじゃないかということ、つまり、結末よりは出発へ、もう一度たちかえる必要があるんじゃないか、それは、誰がいいだしたか、どういう気運で誕生ということをいいだしたにしましてもね、できたのを善意に解釈するということになると、ご誕生の年月日を明らかにするだけでは意味がないと思うのであります。

われわれもあらためて、祖師の出家精神から学んでいかねばならない、求道心《きゅうどうしん》へかえらなければならん。祖師のご誕生からご臨終までではなくて、逆にご臨終から溯って、そうしてこういうことになったということは、こうであったんだということを見直していこうではないか、ということが今日、ご誕生というものを想うところの一つの意義でないか。そうすることによって、そこで立教開宗の『教行信証』の精神も了解できるにちがいないという、先にも申しました三度以上読むことによって、はじめて浄土真宗というものがわかるのでしょう。

■よろこびを伝える

祖師のよろこび、ことにちかごろ『正像末和讃《しょうぞうまつわさん》』を拝読して感ぜられることは、往相《おうそう》・還相《げんそう》の廻向《えこう》であります。五濁《ごじょく》の時機を悲しみながら、尊い仏法に出遇うたということをよろこんでおられる。そのよろこびは何かというと、往相・還相の廻向ということであります。「往相・還相の廻向に まうあわぬ身となりにせば」とか、「如来二種《にょらいにしゅ》の廻向の恩徳まことに謝《しゃ》しがたし」とか讃嘆《さんだん》してある。それをよく拝誦しますと結局、還相というところに、一つの着眼があるんだと、こういわなければなりません。

〝浄土へ何んのために行くか〟という問を出してみると、いろいろな答えがでてくるのです。源信僧都《げんしんそうず》ならこうお答えになるであろう。法然上人ならこうお答えになるであろう、というようなことをいろいろ思いましたね。そこで宗祖《しゅうそ》に向かって、「お浄土へ往くのは何がたのしみですか」とこういえば、往還二種の廻向ということであろう。もう一ついえば還相廻向ということである。還相廻向ということはつまり利他教化で、自分のよろこぶことを人にも知らせたいということであります。

この利他教化ということが念仏者にとっての自然の感情でしょうな。人間というものは悲しいことというものは悲しいでしょうといってもらわなくても、しんぼうできるんですけれども、うれしいことはうれしいでしょうといってもらわないと、おさまりのつかん性格のものです。たとえば、一つの花を見ても「きれいだなあ！」といっても、そばにいて、「そうですね」といってもらわないと、きれいでなくなるのです。そういうことで、本当に自分が有難かったらだまっておれない。へいぜい憎んでいるような人でも、仏法の立場になると、あの人にも聞かしたら、この人にも話して聞かしたら、ということが自然の情なんであります。けれどもそれができすぎると世話やきということになる。そしてかえりみて、「有情利益《うじょうりやく》はおもふまじ」とこのようなこともいわれるのですけれども、「小慈小悲《しょうじしょうひ》もなき身にて」と思えば思うほど、自分のよろこびを人に伝えたいということは自然の感情なんであります。

■報恩ということ

ところがもう一つ報恩ということはどういうことであるかというと、

あの恩返しということと違うのですね。ちかごろことに人に何かさしあげるとすぐにお返しがくる。あれはどうも早く精算してしまわねばならんというような感じがします、本当の報恩というのはそういうものではない。自分が親切にしてもらって、有難かったら、これほど有難いものなら私も誰かにしてあげたいと、こういうように他に移すのが本当の報恩、報《むく》いるという意味であります。

仏恩報謝《ぶっとんほうしゃ》というのは有難うございましたと仏さまにいうことだと思っているけれどもそうでない。有難かったら、その有難さをさらにまた輪を描いて、その輪を拡げていく、そういうことであります。だからそこでいま申しましたように報恩の徳というものはそういうもので大事なことであるけれども、なかなかできない。できないが浄土へ往ってさとりをひらけばできるんだということが往相・還相ということであって、それが自利利他ということと全然違う。自利利他は自分がたすかったら今度は人をたすけるということなんであります。報恩というのは、往相ということはすべての人の救われる道において自分が救われていく、だから自分が救われていくということはやがてすべての人の救われていく証拠に立つことである。ごらんなさい。私がたすかっていくんだから、という意味において、利他教化ということが、親鸞にとりましては深い願いであったといっていいと思います。

それでよろこびは往相還相の廻向です。それが『教行信証』に「謹んで浄土真宗を按《あん》ずるに、二種の廻向あり」ということから出発してあるのもそれでしょう。しからば、どうしてそういうことにまでなられたかというもとへかえると、まずご誕生から始めて、もっともっと道を求めよと、自分の道、すなわち一切衆生《いっさいしゅじょう》の救われる道ということを求めていこう、そしてそれによって『教行信証』を読み直していくときに、はじめて宗祖を追慕《ついぼ》することが何か今までと違った意味をもってくるんじゃありませんか。

■道を求めるこころ

そういう意味で報恩講がご誕生になり、ご誕生が立教開宗になったと

いうことは意識するとしないとにかかわらず、そういう順序になってい
くところに親鸞という方に対する末弟の感情というものがあるというこ
とを思います。ですからあらためて道を求めようではないか、聞法《もんぽう》とい
うことがいわれていますが、私たちの頭にある聞法というのは法を聞い
て信心を獲得《ぎゃくとく》するということで、聞によって信心をいただくというこ
とのようであります。されどその逆もありまして、信心あるものは聞法
相続すべし、信心の証拠は聞法より他ない、法を聞かなくなったならば
信心もうすれてしまったんだと、こういっていいんだろうと思います。
だから伝道の精神は求道よりほかないのであります。道を求めるとい
うこと、それがやがて伝道ということになるのである。そういう意味の

求道が往相ということである。だから往相におのずから還相が具《そな》わっておるということですね。宗門の人々はともに本当に心からご誕生を記念し、立教開宗をもう一度思い直していくことが結構でないかと思うのであります。

■初心忘るべからず

世阿弥《ぜあみ》のことばに「初心忘るべからず」ということがありますが、くわしくは「初心忘るべからず、時々の初心忘るべからず、老後の初心忘るべからず」と三つ並べてあります。私のように老人になると特に「老後の初心忘るべからず」ということばがよくわかります。老人になると、くり返しくり返し、なかなか初心になれないのですが、結局いつでも初心にかえらねばならないのでありましょう。だから、ご誕生を祝うということは初心にかえろうじゃないかということですね。

これは私の学生時代のことで、今熊野《いまくまの》の中学におりましたときの校歌で、藤岡作太郎という先生の作られたものだそうですが、いまでも忘れないのです。それは「祖師の余威《よい》に生きんより、六字のみ名のもとに死ね」ということばです。祖師のおかげで生きていけるという、そういうことであってはならない、六字のみ名のもとに、南無阿弥陀仏の旗《はた》じるしのもとにいのちを捨てよ、それが学徒の精神でなくてはならんということですね。そういうことをいつも思い出します。ですからご誕生を祝うということは、もう一度初心にかえって、祖師の人格を偲《しの》び、求道のはじめにかえるということであろうと思います。

「三朝《さんちょう》浄《じょう》土《ど》の大師等　哀愍《あいみん》摂受《しょうじゅ》したまひて　真実信心すすめしめ　定聚《じょうじゅ》のくらいにいれしめよ」とある。あれは信心ある人のことばですか、信心ない人のことばですか、自分にいいきかしておる、自分にいいきかしていることばがそのまま、向うにある人々に語っておるのである。ですから「いれしめよ」ということばは自分に語りつつ人にきいてもらう、したがって「真実信心すすめしめ　定聚のくらいにいれしめよ」という、それが報恩の心である。

報恩講だけで十分であるのに何のためにご誕生をよろこぶんですか

何のために立教開宗を記念するんですかということになれば、たちかえるということより他にないのではないでしょうか。そのたちかえることがなければ、単なる記念に終わってしまうと思います。

この時を縁として

横超　慧日（大谷大学教授：当時）

一

宗祖親鸞聖人は、承安《じょうあん》三年（一一七三）にお生まれになった。今年で満八百年になる。そして真宗の根本聖典である『教行信証《きょうぎょうしんしょう》』は、聖人によって元仁《げんにん》元年（一二二四）に執筆せられていた。今年で七百五十年目にあたる。それゆえ、周知の如く、今春は御誕生八百年と立教開宗七百五十年を記念して真宗の流れを汲む人々が出家・在家の別なく、みなこぞって慶讃法要《きょうさんほうよう》を営むことになっている。

慶讃というのはよろこびほめたたえるということである。慶喜讃嘆《きょうきさんだん》のために盛大な法要をはじめ多くの行事が予定せられているが、何をよろこび、何をほめたたえるのかを知らないで、ただ形ばかりの法要となってはならぬ。しかし人の世にはとかくそうした形だけに流れ、ことがらの意義を十分認識しないままに、人に動かされて行動を共にすることが少なくない。新年だといって屠蘇《とそ》をかわし祝いあう。一年三百六十五日たてば必ず毎年同じことをくりかえすが、何がそんなにめでたいのか。人が六十才になれば還暦《かんれき》といい七十才になれば古稀《こき》といって、周囲の人が祝福する。

こうして祝いよろこぶということは、表面では他人のことのようであっても、実はその人の一身上のことを通して自分がそうありたいという包みきれぬ願望を表明することではないか。生きる者にとってふだんから息災《そくさい》、長寿は大切なことだと願っているからこそ、そうした歳月の区切りを機縁としてあらためて確かめあうというのである。

私はこうしていまありふれた日常のことを述べてきたが、それでは宗祖聖人がご誕生になって八百年たったということと聖人によって真宗の基《もとい》が開かれたということと、この二つのことがらは、私たちにとってどういう関係があるのであろうか。どういう点で私たちがよろこび祝いあおうとするのであろうか。ただ単に、自分は真宗の門徒だからという形のうえの帰属関係《きぞくかんけい》だけによって、本願寺が勤修《ごんしゅう》される法要に協賛《きょうさん》するのだというようなことであってはなるまい。親鸞聖人のご誕生と、真宗の基が開かれたということ、このことが時をこえ年をこえ、そうした時間の隔たりとは関係なく、現在の私、今現に生きている私自身にとって、私がどこまでも拡充したいと願っているこの私のいのちにとって、どんな結びつきを持っているのかということを、この際ぜひともはっきりさせておかねばならぬであろう。

二

宗祖のご誕生と立教開宗ということとは、その間およそ五十年隔っているので、こんどは一緒に慶讃法要が営まれるが、それは偶然のことであるとか便宜《べんぎ》的な行事であるとかいうようなものではなかろう。ご誕生があったから立教開宗がなされた。もしも誕生されなかったならば、真宗はおこらなかったであろう。

そうしてみると、宗祖は真宗を開き、正しい教えをうち立てるためにこの世界へそしてこの日本へお生まれになったということになるから、二つのことは決して別なことではないといえよう。従って仏の教えの真実を明らかにせられたことが、私にとっていかに重大なでき事であるかということが知られてきたならば、ご誕生と立教開宗は時間的に前後こそあれ、実は同一事の二つの時点にほかならぬ。それにしてもご誕生の意義を見出されてくるのは、宗祖によって明かにせられた真実の教えが自分のものとして受けとられたときのことである。

その意味では何よりもまずその真実の教えがどのようなものであるかを見出さねばならない。そうだとすると、宗祖の教えによって真実の教えを見出した人にあってこそ、このたびの慶讃法要は慶喜讃嘆の法縁となるのであるが、まだそれを見出していない人や見出そうとも思わない人々にとっては、全く他人事にすぎない。

私どもは、ここで宗祖のご誕生と立教開宗ということの意義を、この機会にひろく世の人々に呼びかけ語りあいたいのであり、またそれが信のよろこびを見出した者のつとめであると思うのである。それにさきだって是非ともまず自分自身について、私が生まれたということがどんな意味を持っているのかということと、私がこのさき生きてゆくうえに宗祖の教えがどんなかかわりを持つものであるかということと、この二点をじっくりと考えてみなければなるまい。当然のことながら人とよろこびを語りあうためには自分自身がしんそこからよろこばずにおられぬという心境に近づくことが前提となるからである。

いったい人間が人として生まれるということは、どういう意味をもっているのであろうか。人間の形をした一個の肉体が出現して地上の人口が一人だけふえたというような、そんな簡単な問題でないことはいうまでもない。父母によって生まれたのであり、自分の意志によって出てきたのでないと言ってみたところで、これからさきその生命に対して最後的に責任を負わねばならぬのは自分自身であって、この自分をおいて他の何人でもないことは確かである。しかもこの責任は、誕生という一瞬の時以後、生存の限り負いつづけねばならぬ。誕生はそうした責任負荷の開始であると同時に、無限の可能性を含みつつ己れの人生を開拓してゆく創造的活動の第一歩でもあった。自己に対するこの責任と人生創造の活動とは、本能的に生きたい生きつづけたいという形でもって、生命の泉としてはたらきつづける。生きたいということは、ただ生きつづけるという持続への願いではない。よく生きたい、強く生きたい、いきいきと生きたいというように、限りない拡充を求めて、生命力が噴出することだと言ってよいであろう。

これは、一つの生命の持続だといいながら、実際には、よき生存を求めている自分が、短くはかない来生への夢をつぎつぎとくり返しているに過ぎぬといってよいではなかろうか。確かな来生への見定めがつかない限り、現在の私の生存は結局苦悩の泥沼から抜け出せぬということになる。そのためには何よりもまずよき生をと求めている私自身について、根本の求め方自体に誤りはないかと立ち返りふり返ってみなければなるまい。出発点の足許が十分見きわめられていなかったならば、そのうえに成り立つ来生への道もおのずから動揺し崩れ去ることが避けられないのである。

宗祖の出家《しゅっけ》求道《きゅうどう》は、まさしくその出発点へ立ち返って自己を見つめることであったと思う。そして宗祖の立教開宗は、その基礎のうえに見出された最高の道の開示であったと思う。それは永久に崩れることのない来生を約束するものであった。そうしてみると、宗祖が誕生してのち無量寿《むりょうじゅ》の国への確実な道を見出されたということは、現に苦難の道にさまよっている私に代って道をきりひらいてくださった。私どもは謹んでその教えに生きるための光を仰ぐほかないであろう。

三

宗祖によって真実の教えが明らかにせられたので、このたびの法要を縁としてわれわれは慶讃の思いを新たにしたいというのであるが、その真実の教えとはどのようなことか、またどうしてそれを慶讃するのであるか、ここに私なりの領解《りょうげ》を述べてみたい。

仏の真実の教えとは、すべての人を浄土に往生し成仏させることが阿弥陀仏の本願であって、それゆえにその仏の本願力によって無善造悪《むぜんぞうあく》の凡夫《ぼんぶ》も念仏のみで浄土往生ができるのであり、このことを明かにするのが釈迦仏出現の目的であったということに帰するようである。このことがよろこびとして受けとめられることは、何人にとっても決して容易なことではない。それはよりよき生をと望みながら現在の生がどのようなものであるかつきつめて見つめようとしないし、従ってまた望ましいよりよき生についても確かな見通しがたたないからである。不満やあせりの根源である自己中心主義の自分というものをそのままにしておいたならば、欲望充足のために狂奔《きょうほん》しようとも、未来のよき生を願うといいながら結局は不平不満の反復におわるほかない。

そこでこれに目ざめた人々は、煩悩のあるところに苦悩は尽きぬと見定めて自己の煩悩滅尽《ぼんのうめつじん》に努めるが、煩悩はこれを制御しようと努めれば努めるほど威力の恐しさを発揮する。そのはてはおさえきれぬ煩悩の前に屈伏《くっぷく》するか、煩悩断尽《ぼんのうだんじん》という誤認に基づく増上慢《ぞうじょうまん》に陥るかのいずれかとなる。これに対してある人々は、無我の実践は自他の別を見ぬ大慈悲心に極まると信じ、衆生救済の菩薩《ぼさつ》となることを志す。しかしこの悲《ひ》そうな決意も、崩れ去る菩提心《ぼだいしん》の前に粉砕《ふんさい》された自己の無残な姿を露呈《ろてい》する結果となる。

このようにして、煩悩滅尽《めつじん》による生死解脱《しょうじげだつ》という来生も、菩薩行実《ぼさつぎょうじっ》践《せん》による衆生救済《しゅじょうきゅうさい》という来生も、ともにはかない夢と消えてゆく。そして最後にどうしようもない自己の無力に絶望した時、はじめてそういう自己が無限の光明をもって照らされる大慈悲に包まれていたことを見出す。こうして見出された生は、永遠にかわることのない絶対の楽を約束された生である。これが常楽《じょうらく》であり、浄土の生である。この浄土の生にたどりつくのは、仏の本願にめざめることによって、自分のいのちが浄土のいのちに一体化する時であり、理智分別《りちふんべつ》を越えた信の力がはたらく時である。浄土ということを現在の生と同じ地平に求めたり、来生ということをただ単に肉体死滅後の生とのみ考えて、自己にとって何が望ましい生であるかを考えたことのない人、また自己の力の限界につき当ったことのない人、そうした人には正しくこの法門は難信《なんしん》であるといわれるゆえんである。そしてこれが難信であり不可思議《ふかしぎ》の法であるだけに、その法にめぐり会えた人のよろこびは大きく、これを明らかにせられた親鸞聖人の出現は私一人のためであったという感激をよびおこすのであろう。信の境地は筆舌《ひつぜつ》に尽くしうるところではないはずであるが、宗祖のご誕生及び立教開宗に対して慶讃の仏事が営まれるこの時を縁として、一人でも多くその教えからよろこびを汲みとろうとする人の出ることが願われることである。

――出典について――

・「慶喜奉讃に起つ」池田勇諦氏
…「宗祖親鸞聖人御誕生八百五十年・立教開宗八百年慶讃法要 真宗本廟お待ち受け大会・本廟創立七百五十年記念大会記念法話〈二〇二一年四月五日〉」（『真宗』誌 二〇二一年六月号）

・「立教開宗の本義を尋ねて」楠信生氏
…「立教開宗記念法要　法話〈二〇二一年四月十五日〉」（『同朋新聞』二〇二一年七月号）

・「誕生のこころ」金子大榮氏
…『誕生のこころ』所収「誕生のこころ」（昭和四十八年四月一日初版発行／東本願寺出版部）

・「この時を縁として」横超慧日氏
…『誕生のこころ』所収「この時を縁として」（昭和四十八年四月一日初版発行／東本願寺出版部）

―動画配信について―

「慶喜奉讃に起つ」池田勇諦氏、「立教開宗の本義を尋ねて」楠信生氏のご法話を含む大会・法要当日の様子を「東本願寺公式YouTubeチャンネル」にて動画配信しています。ご視聴ください。

お待ち受け大会

立教開宗記念法要

著者略歴

池《いけ》田《だ》　勇《ゆう》諦《たい》

1934（昭和9）年生まれ。真宗大谷派講師。三重教区桑名組西恩寺前住職。東海同朋大学（現・同朋大学）卒業。現在、同朋大学名誉教授。著書に『教行信証に学ぶ』全九巻（東京教区）、『仏教の救い―アジャセの帰仏に学ぶ―』全五巻（北國新聞社）、『真宗の実践』『浄土真宗入門―親鸞の教え―』『親鸞から蓮如へ―真宗創造―『御文』の発遣―』（東本願寺出版）ほか多数。

楠《くすのき》　信生《しんしょう》

1949（昭和24）年生まれ。北海道教区第17組幸福寺前住職。大谷大学文学部仏教学科（インド学）卒業。元北海道教学研究所所長、元修練道場参事、元教化伝道研修第2期研修長を経て、真宗大谷派教学研究所所長就任。著書に『南無阿弥陀仏　人と生まれたことの意味をたずねていこう』（東本願寺出版）がある。

金子《かねこ》　大榮《だいえい》

1881（明治14）年生まれ。真宗大学本科卒。東洋大学教授、真宗大谷大学教授、広島文理科大学講師、大谷大学教授、大谷大学名誉教授を歴任。1976（昭和51）年逝去。
著書に『仏教概論』『彼岸の世界』『日本仏教史観』（岩波書店）、共著『教行信証講読』（春秋社）、『歎異抄聞思録』（全人社）ほか多数。

横超《おうちょう》　慧日《えにち》

1906（明治39）年生まれ。東京大学文学部印度哲学科卒。大谷大学名誉教授、1996（平成8）年逝去。
著書に『北魏仏教の研究』『涅槃経―如来常往と悉有仏性』『法華思想』（平楽寺書店）、『羅什』（大蔵出版）、『中国佛教の研究』『法華経序説』『仏教とは何か』、編著『仏教学辞典』（法藏館）ほか多数。

宗祖《しゅうそ》親鸞聖人《しんらんしょうにん》御誕生《ごたんじょう》八百《はっぴゃく》五十年《ごじゅうねん》・
立教開宗《りっきょうかいしゅう》八百年《はっぴゃくねん》慶讃《きょうさん》記念《きねん》

慶喜奉讃《きょうきほうさん》に起《た》つ

2022（令和４）年２月28日　第１刷発行

著　者　池田勇諦
　　　　楠　信生
　　　　金子大榮
　　　　横超慧日

発行者　木越　渉

発行所　東本願寺出版
（真宗大谷派宗務所出版部）

〒600-8505　京都市下京区烏丸通七条上る
TEL（075）371-9189（販売）
（075）371-5099（編集）
FAX（075）371-9211

表紙デザイン　株式会社188

印刷・製本　中村印刷株式会社

ISBN 978-4-8341-0646-6　C0215

© 2022 Printed in Japan

書籍の詳しい情報・試し読みは　東本願寺出版　検索　click

真宗大谷派（東本願寺）ホームページ　真宗大谷派　検索　click

乱丁・落丁本の場合はお取り替えいたします。
本書を無断で転載・複製することは、著作権法上での例外を除き禁じられています。

Shinran 50th 800th

宗祖親鸞聖人御誕生八百五十年・
立教開宗八百年慶讃法要厳修

第1期法要 2023年3月25日(土)～4月8日(土)
第2期法要 2023年4月15日(土)～4月29日(土)
讃仰期間 2023年4月9日(日)～4月14日(金)

〈慶讃テーマ〉

南無阿弥陀仏
人と生まれたことの意味をたずねていこう

真宗大谷派(東本願寺)

慶讃特設サイト 検索